SULLA STRADA PER HOGWARTS

BANCA DEI MAGHI GRINGOTT

CON UN GOBLIN A TUTTA VELOCITÀ

Trova il percorso che porta alla camera blindata 387.

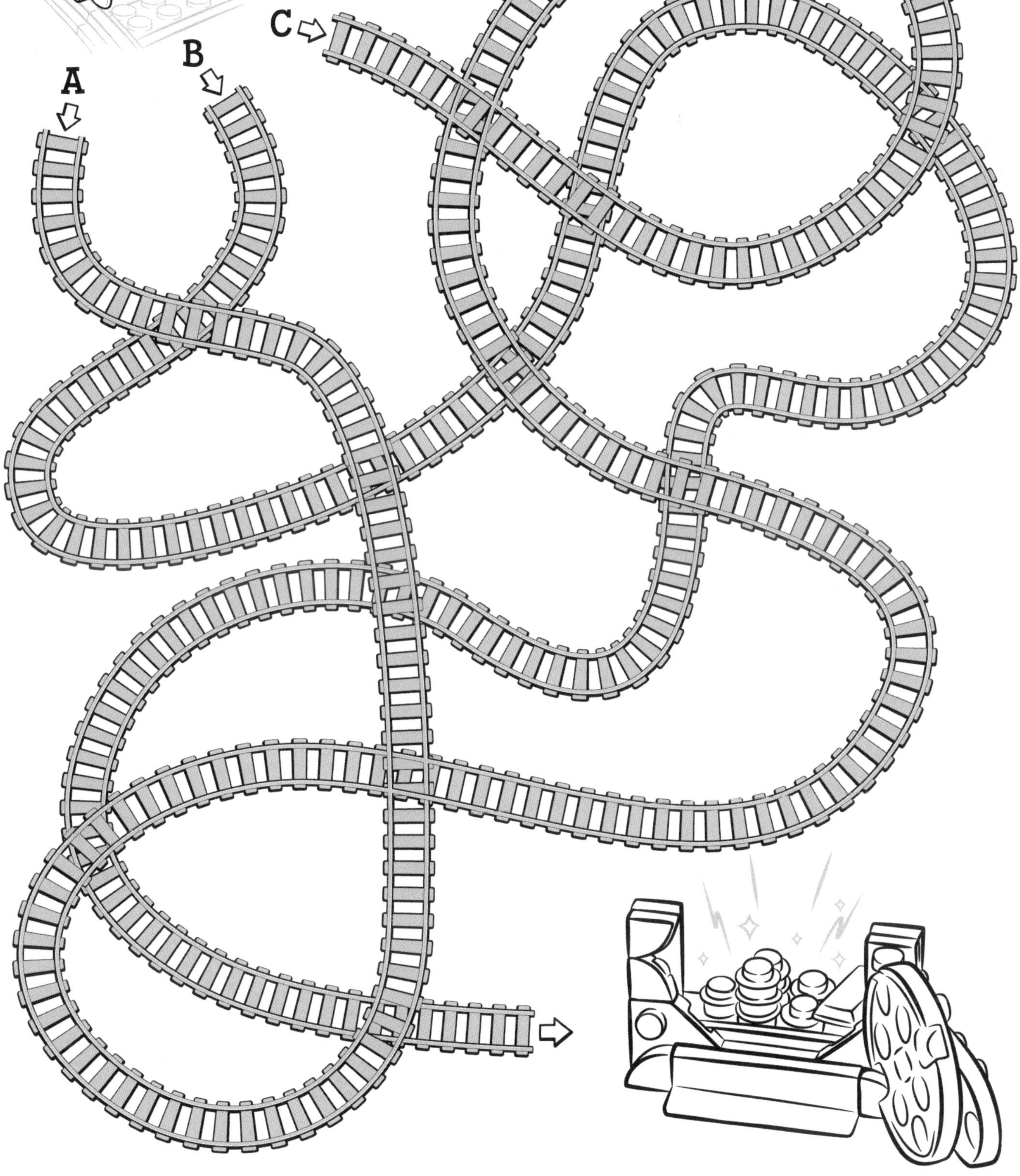

UNA LETTURA LEGGERA!

GLI OGGETTI PREFERITI DI RON

GRIFONDORO VS. SERPEVERDE

Contrassegna i riquadri presenti nell'immagine principale.

IN BARCA

ATTENZIONE!
ALLE SCALE PIACE CAMBIARE!

UNA POZIONE... ESPLOSIVA!

IL CAPITANO

LEZIONE DI VOLO

RIDAMMI LA RICORDELLA!

NICK-QUASI-SENZA-TESTA

COLLEZIONE DI CAPPELLI MAGICI

Trova il cappello diverso dagli altri.

NATALE A HOGWARTS

SONNELLINO

AFFERRA LA CHIAVE!

Trova il percorso giusto per Harry.

AL GHIRIGORO

IL PROFESSOR ALLOCK

COSA STA TRAMANDO LUCIUS?

COMPITI

LEZIONE DI ERBOLOGIA

MAI DISTURBARE UNA MANDRAGOLA!

FATTO IL MISFATTO!

Seguendo i passaggi in basso disegna il tuo folletto della Cornovaglia!

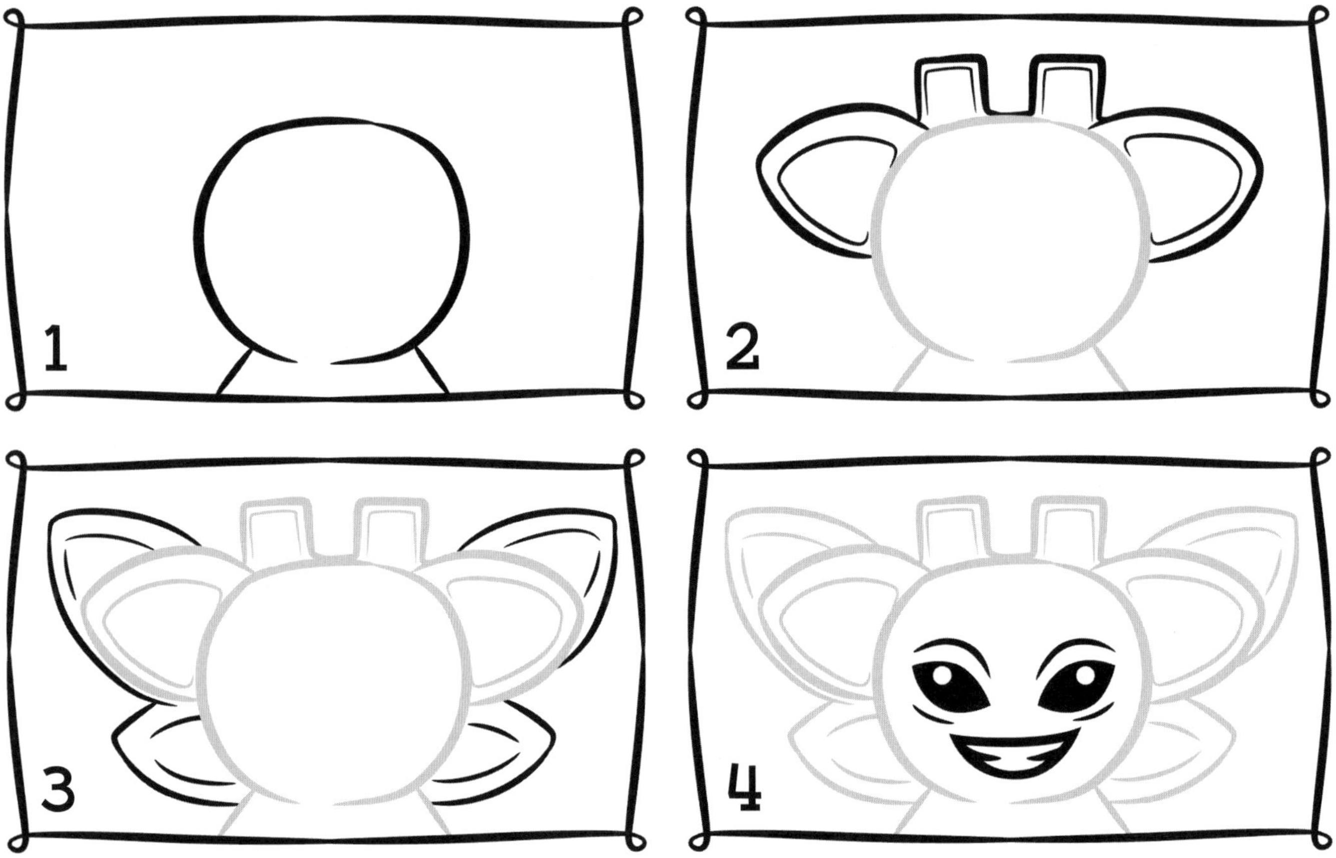

LA POZIONE È PRONTA!

CHE SCOMPIGLIO!

È ORA DI UNO SPUNTINO

PARTITA MOZZAFIATO

GRYFFINDOR

GRIFONDORO VINCE!

Osserva le tribune e scopri le 5 differenze.

CHI È?

Trova l'ombra che appartiene al personaggio misterioso.

A

B

C

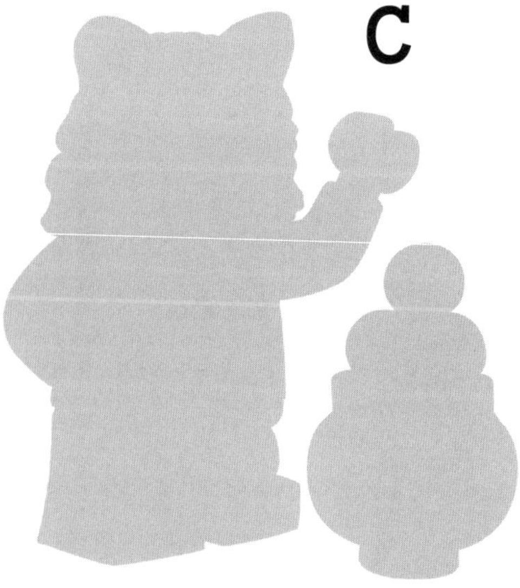

D

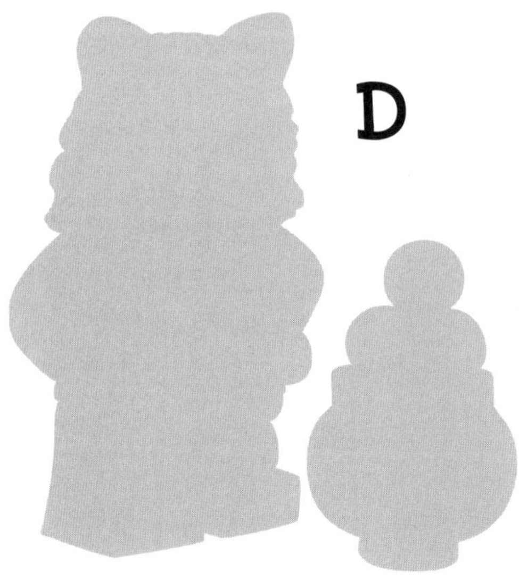

A DOPO, FANNY!

INCANTESIMO DI DIFESA

RICERCATO: SIRIUS BLACK!

IL LIBRO DEI MOSTRI

BUON APPETITO, FIEROBECCO!

PAROLA D’ORDINE, PREGO!

Cerchia il pezzo mancante dal ritratto della signora grassa.

IL NASCONDIGLIO PERFETTO

UN GIRO A MIELANDIA

ACID PO

RISPOSTE

p. 3

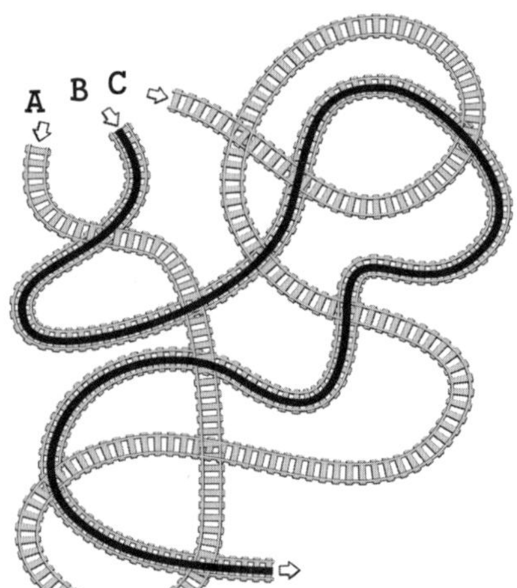

pp. 6-7

p. 17

p. 21

pp. 34-35

p. 36

C

p. 44